CAMPAGNE DE SYRIE,

FRAGMENT

D'UNE HISTOIRE INÉDITE DE NAPOLÉON,

Par M. MARTIN, de Gray,

Ancien député,

LU A L'ACADÉMIE DE BESANÇON DANS SA SÉANCE PUBLIQUE
DU 27 JANVIER 1848.

(Extrait du Recueil de l'Académie.)

BESANÇON,

DE SAINTE-AGATHE AÎNÉ, IMPRIMEUR DE L'ACADÉMIE.

1848.

CAMPAGNE DE SYRIE,

FRAGMENT

D'UNE HISTOIRE INÉDITE DE NAPOLÉON,

Par M. MARTIN, de Gray,

Ancien député.

Bonaparte apprend que le pacha de Syrie, le fameux Djezzar, ainsi nommé à cause de ses cruautés (1), s'avance avec une puissante armée, et que déjà son avant-garde occupe le fort d'El-Arich, qui couvre les frontières d'Egypte du côté de la Syrie. On l'informe aussi qu'une autre armée turque se rassemble à Rhodes, et que, selon toute apparence, elles agiront simultanément, l'une en débarquant à Aboukir, l'autre en traversant le désert qui sépare la Syrie de l'Egypte. Mais jugeant avec raison que la descente d'une armée navale ne pouvait être tentée qu'au printemps, il profitera de l'hiver pour prévenir l'ennemi, et la campagne de Syrie est décidée.

Bonaparte revole au Caire et met tout en mouvement pour la défense des côtes de l'Egypte. Alexandrie, Rosette, Damiette et les points les plus importants du littoral sont garnis de batteries, et l'on travaille à fortifier les bouches du Nil. L'armée, que renforçait déjà la légion nautique, formée des marins échappés au dé-

(1) *Djezzar*, en arabe, signifie *boucher*.

sastre d'Aboukir, s'accroît d'une cavalerie toute nouvelle, imaginée par Bonaparte. C'est un régiment de dromadaires, portant chacun deux soldats adossés l'un à l'autre, avec leurs armes et des vivres ; animaux sobres, infatigables, vrais navires d'une mer de sable, qui franchissent vingt lieues d'une seule course. Ce singulier régiment, destiné à pourchasser les Arabes qui infestaient les frontières de l'Egypte, fit partie de l'expédition, et se signala par de grands services.

Le général en chef, avec une armée de treize mille hommes, part pour la Syrie et s'enfonce dans le vaste désert qui sépare cette contrée de l'Egypte. Reynier, dont la division formait l'avant-garde, arrive devant El-Arich. Les Turcs étaient en position sous les murs de ce village solidement construit, et que protège un fort ceint de hautes murailles. Après une opiniâtre résistance, El-Arich est enlevé au pas de charge. Cinq cents Turcs sont tués ; les autres se réfugient dans le fort, où ils sont bloqués.

Cependant Abdallah, pacha de Damas, avec un nombreux corps de Syriens et les Mameluks d'Ibrahim, accourt à la défense d'El-Arich, et se campe sur la rive droite du ravin de l'Egyptus. Reynier se porte à sa rencontre, et réunit sa division sur la rive gauche, dans une forêt de palmiers ; profitant de l'obscurité de la nuit, il remonte le ravin pendant une lieue, le traverse, range ses troupes en bataille, et dans un profond silence les dispose en trois colonnes, précédées chacune d'un détachement de grenadiers. Eclairés par des lanternes sourdes, les trois détachements se précipitent par différentes directions au milieu du camp ennemi. Mameluks et Syriens, frappés d'épouvante, sont livrés à une horrible confusion ; ils s'enfuient, laissant quatre à cinq cents morts, neuf cents prisonniers, leurs chameaux, leurs tentes, leurs bagages. Reynier ne perdit que trois hommes.

Le lendemain, Bonaparte rejoint son lieutenant, et aussitôt il canonne le fort d'El-Arich ; la brèche est ouverte, et deux jours après la garnison capitule.

Le général en chef, reprenant sa route, arrive, avec le gros de son armée, au village de Khan-Jounés, l'ancien Janisus, à l'extrémité du désert. Après une marche de cinquante lieues dans une mer de sable, trajet cruellement pénible, bien que fait avant les chaleurs, nos soldats fatigués découvrent avec des cris de joie les belles montagnes de la Syrie, de riants vallons ombragés d'arbres fruitiers et arrosés par des ruisseaux, les vertes et fertiles plaines de Gaza, qui leur rappellent l'heureux sol de la France, et ils soupirent en songeant à leur patrie.

L'armée se reposa deux jours dans les murs de Gaza, que Djezzar avait abandonnée, et arriva devant Jaffa, l'antique Joppé, qui était la clef de la province, et qui offrait un port commode pour nos bâtiments de transport. Cette place, située sur un promontoire, ceinte de hauts remparts que flanquent de grosses tours, était défendue par l'élite des troupes du pacha et par une artillerie formidable. Bonaparte l'investit. On ouvre la tranchée ; on établit une batterie de brèche contre la tour la plus dominante, et une autre batterie au nord pour faire diversion. Deux fois l'ennemi tente une sortie, deux fois il est repoussé. Après une salve de toute l'artillerie, Bonaparte envoie au commandant de Jaffa, Abou-Saad, un officier chargé de lui dire que le général en chef est touché des malheurs qu'entraînerait un assaut, et qu'il offre une sauvegarde si la garnison veut se rendre; mais un quart d'heure après, l'armée vit en frémissant d'horreur la tête du parlementaire plantée sur un pieu, au haut des remparts. Bonaparte fait derechef tonner ses batteries. Bientôt la brèche est ouverte; il commande l'assaut; mais tout-à-coup les Syriens catholiques de la ville, tenant à la main un crucifix, et criant: *Chrétiens! chrétiens!* se jettent en foule hors des murs, et accourent vers nos rangs, où ils sont accueillis comme des frères. Au signal donné, nos braves s'élancent à l'envi sur la brèche, et la gravissent au travers de la mitraille. Sur les remparts écroulés s'engage un sanglant combat; et tandis qu'une division, chargée de faire une fausse attaque sur la droite, escaladait aussi les murailles, l'héroïque Lannes, à la tête de sa division, renversant tous les obstacles, se précipite dans la ville. Les assiégés barricadent les rues, se retranchent dans les maisons et s'y défendent avec un désespoir impuissant. Habitants et soldats, tout est massacré. Durant trente heures, les vainqueurs se baignent dans le sang, et puisent au milieu du carnage une affreuse contagion.

On vit ensuite une scène encore plus effroyable, un massacre froidement ordonné, froidement exécuté. Un ou deux milliers de prisonniers, la plupart compris dans la capitulation d'El-Arich, furent mis à mort. C'est une de ces pages sanglantes que l'on voudrait pouvoir arracher des magnifiques annales de Napoléon. Voici ce qu'il en disait dans l'île d'Elbe à lord Ebrington : « Ce qu'on vous a dit de ce massacre est exact. » J'ai fait fusiller à peu près deux mille Turcs. Vous » trouvez cela un peu fort; mais je leur avais accordé » une capitulation à El-Arich, à condition qu'ils retourneraient chez eux. Ils l'ont rompue, se sont jetés » dans Jaffa, où je les ai pris une seconde fois. Je ne » pouvais les emmener avec moi, car je manquais de » pain, et ils étaient trop dangereux pour les lâcher » encore; de sorte que je n'avais d'autre ressource que » de les tuer. » Certes, la nécessité la plus absolue peut seule expliquer une si affreuse mesure. Le crime est moins dans les inévitables horreurs que la guerre entraîne, que dans l'ambition qui réduit les conquérants à d'atroces extrémités.

La peste se déclara dans notre camp, et nos soldats étaient vivement alarmés. Le général établit dans Jaffa un vaste hôpital destiné aux pestiférés. Pour rassurer ces malheureux, il parcourt les salles, il s'arrête auprès des plus malades et les encourage. D'un air tranquille et serein, il touche leurs plaies et leur dit : *Vous voyez bien que cela n'est rien.* Malgré les instances du médecin en chef Desgenettes, il resta plus d'une heure exposé aux miasmes contagieux de ce séjour de mort.

Maître de Jaffa, Bonaparte dirige son armée sur Saint-Jean-d'Acre. Après diverses reconnaissances, on entre dans la forêt de Meski, cette forêt enchantée du Tasse, illustrée par une grande bataille entre Richard-Cœur-de-Lion et Saladin. Au-delà du caravansérail de Kakoun, on aperçut la cavalerie d'Abdallah, soutenue par quatre mille Naplousiens, et postée sur des hauteurs ; mais elle ne résista guère à notre attaque : Kléber rejeta la cavalerie sur la route d'Acre, et les Naplousiens regagnèrent leurs montagnes. Au sortir des défilés de Saron, on découvre la plaine de Saint-Jean-d'Acre, le mont sacré du Thabor, les pentes rocheuses et la haute cime du Carmel, la ville d'Acre et sa rade. Après une faible résistance, on occupe Kaïffa, place importante par son port et riche en munitions. Enfin, l'armée arrive devant Saint-Jean-d'Acre, l'antique Ptolémaïs, située au pied du mont Carmel, et Bonaparte assied son camp à cent vingt toises de ses murailles, sur un plateau élevé et parallèle à la mer. Djezzar s'était renfermé avec ses trésors et une nombreuse garnison dans cette forte place, la seule qui pût arrêter son invincible adversaire. Sidney-Smith, commodore sous l'amiral Hood, à Toulon, croise dans ces parages, et des escadres ottomanes, dirigées par les Anglais, viennent à toutes voiles au secours du pacha. Sur terre, les populations d'une partie de l'Asie, soulevées par les firmans du grand-seigneur et par l'or de l'Angleterre, accourent pour la destruction des infidèles, et une nombreuse armée turque s'avance de Damas pour franchir le Jourdain et se joindre au féroce Djezzar.

C'est avec sa faible armée, amoindrie encore par les maladies et par les combats, que Bonaparte va lutter contre de tels obstacles et entreprendre un si grand siége. Il n'avait pour toute artillerie que quatre pièces de douze, une trentaine de quatre, huit obusiers, une caronade sans affût, car notre artillerie de siége, venant d'Alexandrie, avec laquelle il eût en vingt-quatre heures rasé les murs de Saint-Jean-d'Acre, avait été capturée par la croisière anglaise. Il ne livre pas moins plusieurs assauts; mais à la disposition et à la force des ouvrages qui couvrent la place, il reconnaît la puissance d'un art étranger à des barbares. Un habile ingénieur, Phélippeaux, émigré français, ancien condisciple et émule de Bonaparte à l'école militaire, dirigeait les travaux de la défense. Notre belle artillerie, tournée contre nous, renforcée de celle des Anglais, et servie par d'excellents canonniers, étouffait notre faible feu sans éteindre notre courage. Enivré du succès de sa défense et soutenu par les équipages de l'escadre anglaise, Djezzar ordonna une sortie générale pour seconder les mouvements de l'armée de Damas; mais après de grandes pertes, il fut refoulé dans la place.

Bonaparte, moins préocupé du siège que de l'approche de l'armée d'Abdallah, qui venait couper ses communications avec l'Égypte et le mettre entre deux feux, détache Kléber avec sa division et Murat avec une colonne mobile, pour l'observer et la contenir vers le Jourdain. Murat s'avance rapidement dans la terre sacrée de la Palestine, et s'empare de Safed, petite ville bâtie autour d'un mont escarpé, au sommet duquel s'élève un fort. Un détachement prend possession du port de Sour, l'ancienne Tyr. Junot, envoyé par Kléber à Nazareth pour épier les mouvements de l'ennemi, apprenant que l'avant-garde d'Abdallah avait passé le Jourdain, marche à sa rencontre, et avec cinq cents hommes au plus, il fond sur cette avant-garde, forte de quatre mille cavaliers, rangée dans la plaine de Chanaan, et, dans un combat qui dura tout un jour, la met en déroute, lui prend cinq drapeaux et jonche la plaine de morts. Kléber, avec deux mille hommes, court appuyer Junot, le joint et marche sur les hauteurs de Loûbiâ, où l'avant-garde ennemie s'était renforcée jusqu'à sept mille hommes. Après une courte résistance, elle abandonne sa position; mais Kléber, craignant d'être coupé d'Acre, se replia sur les hauteurs de Nazareth. Le pacha traverse alors le Jourdain au pont de Jacob, puis se couvrant du terrain montueux de Loûbiâ, il déborde la droite de Kléber, gagne la plaine d'Esdrelon, et se réunit aux Naplousiens.

Bonaparte, averti du péril de son lieutenant, laisse les travaux du siège, et vole à son secours avec une division et une batterie de réserve. Il arrive à marche forcée, dans la plaine d'Esdrelon, et du haut d'un monticule il distingue au loin, avec sa lunette, au pied du mont Thabor, un carré de troupes environné de fumée. C'était Kléber, qui, retranché derrière un rempart de cadavres ennemis, luttait depuis six heures, avec deux mille cinq cents Français, contre trente mille Ottomans. A cette vue, Bonaparte débouche vers le mont Thabor, et tandis que Murat et Rampon vont couper toute retraite à l'ennemi, en gardant le Jourdain et les hauteurs de Naplouse, il partage sa division en deux carrés, qui s'avancent pour former un triangle avec le carré de Kléber, et mettre les Turcs entre deux feux. Après une marche silencieuse, au moment d'attaquer, il s'annonce par un coup de canon et paraît sur le champ de bataille. Kléber et ses braves redoublent d'ardeur; de toutes parts les Turcs sont assaillis par le fer et par le feu. Saisis de terreur, ils se débandent et s'enfuient; mais repoussés de tous côtés, ils jonchent la plaine de cinq mille morts, et nous laissent leurs tentes et leurs étendards, quatre cents chameaux et un immense butin.

Après avoir détruit une armée que les Syriens disaient innombrable comme les étoiles du ciel et les sables de la mer, Bonaparte reprit le siége d'Acre avec une nouvelle ardeur. Il livre cinq autres assauts, s'acharnant à disputer un terrain abreuvé de sang, miné et contre-miné par l'art des siéges, et, tandis qu'une flotte ottomane entre dans le port, il profite de quelques heures nécessaires à son débarquement pour tenter un dernier assaut qui décidera du sort de l'Asie. Nos grenadiers s'élancent sur la brèche, et arborent sur la tour *Maudite* le drapeau tricolore; ils envahissent et comblent les travaux des assiégés, enclouent les canons, et, au milieu d'une sanglante mêlée, percent jusque dans la ville, à travers la mitraille et les feux croisés de l'ennemi; mais ils trouvent dans cette place infernale une armée nombreuse qui, transformant chaque rue, chaque maison en forteresse, la rend inexpugnable. En même temps, Sidney-Smith, sortant de ses vaisseaux avec les Ottomans et ses équipages, menace de nous prendre à revers. Après des prodiges de valeur, nos meilleurs officiers et nos plus braves soldats étaient tués ou blessés. Bonaparte lui-même eût péri par les éclats d'une bombe, si deux grenadiers ne l'eussent couvert de leurs corps en croisant leurs bras sur sa tête.

La peste, terrible auxiliaire de Djezzar, régnait dans Acre, et la contagion de Jaffa ravageait notre camp. Depuis soixante jours, Bonaparte faisait des pertes irréparables de temps et d'hommes, tandis que la garnison d'Acre, dont les communications par mer étaient ouvertes, se grossissait toujours. Il n'ignorait pas d'ailleurs qu'une flotte anglo-turque menaçait les côtes de l'Egypte. A ce grand et premier revers, il reconnaît avec surprise qu'il n'est point invincible, et cède, en frémissant, au destin qui lui ravit l'Asie.

Au premier coup-d'œil, son gigantesque projet de conquérir l'Orient semble chimérique, et quelques personnes n'y voient qu'un rêve enfanté par son ardente imagination. Mais si l'on songe qu'à chaque assaut de Saint-Jean-d'Acre, les habitants du pays s'agenouillaient la face tournée vers la ville, invoquant le ciel pour le succès de nos armes; que Damas avait offert ses clefs à Bonaparte; que les chrétiens du mont Liban et les peuples de la Syrie, pillée et ensanglantée par Djezzar, auraient grossi notre armée; si l'on considère que les provinces de l'empire ottoman qui parlent arabe, soupiraient après un changement et attendaient un libérateur; que l'alliance de la Perse et le concours de Tippoo-Saïb et des peuples opprimés de l'Inde britannique l'auraient secondé; que d'ailleurs les Anglais et les Ottomans, absorbés par cette vaste diversion, n'auraient point attaqué l'Egypte; enfin, si l'on pense aux merveilleuses campagnes d'Italie et à tous les prodiges de

Napoléon, l'impossibilité disparaît, et l'on n'ose plus trouver son projet insensé. « Les plus petites circon- » tances, disait-il à Sainte-Hélène, entraînent les plus » grands événements. Si Saint-Jean-d'Acre fût tombé, » je changeais la face du monde…. Je serais aujourd'hui » empereur de tout l'Orient. » L'expédition de Syrie avait néanmoins réalisé une de ses vues, en détruisant les armées turques, en préservant l'Egypte de leur irruption, en consolidant cette grande conquête.

Bonaparte annonça la levée du siége, mais on continua durant trois jours le feu des batteries pour masquer les préparatifs du départ; et comme nos troupes devaient d'abord côtoyer la plage, on attendit la nuit, afin de les soustraire aux feux des bâtiments anglais stationnés dans la rade du mont Carmel. On évacua l'hôpital de ce couvent, encombré de malades et de blessés, et le général donna ses propres chevaux pour servir à leur transport. Ce long et triste convoi s'acheminait dans les ténèbres, à la lueur de torches lugubres, au milieu des gémissements des malades et des cris sauvages de troupes d'Arabes, qui harcelaient notre arrière-garde et massacraient les traînards. Au désert qui sépare la Syrie de l'Egypte, Bonaparte ajoute un désert de cinquante lieues. Des torches, allumées pour brûler les bourgades, les villages, les groupes d'oliviers et de riches moissons, éclairent notre marche. Sur un ciel pur et serein, la splendeur du soleil d'Orient disparaît sous l'épaisse fumée des incendies. Gaza seule est épargnée; les autres places ne sont plus que des ruines fumantes. Derrière elle, l'armée laisse un désert, et devant elle s'offre la vaste solitude des frontières de l'Egypte, où mille souffrances l'attendent.

C'est sous un ciel brûlant, sur un sol aride et plus brûlant encore, que nos soldats, chargés de leurs armes, épuisés par les labeurs d'une campagne meurtrière, cheminaient péniblement. Ils ne voient autour d'eux que des plaines sablonneuses et sans bornes, une nature morte où l'œil n'aperçoit aucun objet vivant, une tombe immense de sable, toujours prête à les engloutir. Oppressés par la chaleur, privés d'eau et dévorés par la soif, un perfide mirage, qui parfois leur offrait au loin de délicieux bocages et des sources jaillissantes, augmentait encore leur supplice. Les soldats désespérés éclatèrent en propos séditieux, en menaces contre leurs officiers, et même contre le général. Ne pouvant supporter ce spectacle de délire et d'angoisses, qu'il ne saurait soulager, Bonaparte quitte l'armée près de Katiéh, et, accompagné de Monge et de Menou, il va reconnaître l'ancienne bouche du Nil par où la flotte d'Alexandre aborda en Egypte. Il visite les ruines de Peluse, et se promène sur le rivage où le grand Pompée fut assassiné; puis, en rêvant sans doute aux vicissitudes humaines, il revient à Katiéh, et se remet en marche avec l'armée. Non loin de Salhéyéh, elle fut assaillie par le plus terrible ouragan du désert, le kamsin. Tout-à-coup la nature change d'aspect et semble plongée dans le chaos; le ciel est ténébreux, et la terre lumineuse. La tempête, balayant le désert de son aile de feu, soulève et roule des masses de sable dans ces plaines immenses, avec d'affreux sifflements. Suffoqués par un vent brûlant, nos soldats ne sauvèrent leur vie qu'en se jetant contre terre, la face cachée dans le sable.

Après cette effrayante retraite, Bonaparte arriva dans la capitale de l'Egypte. Pendant son absence, les émissaires des Mamelucks avaient suscité des troubles dans tout le Delta. Un imposteur, qui se donnait pour l'ange El-Modhy, et se disait invulnérable, ayant ramassé quelques milliers d'insurgés, avait emporté Damanhour et égorgé la garnison. Mais nos soldats qu'il prétendait chasser en soulevant de la poussière, tuèrent l'ange invulnérable, et dissipèrent ses hordes fanatiques. Bonaparte parut en un instant dans les diverses provinces du Delta, et, à son aspect, tout rentra dans l'ordre. Il avait, en même temps, à contenir sa propre armée. Depuis une année on était séparé de la France, et depuis six mois on n'avait aucune nouvelle. Généraux et soldats, dévorés du regret de la patrie absente, livrés à une noire mélancolie, se répandaient en murmures et en sourdes menaces. On dit même qu'ils avaient projeté d'enlever les drapeaux du Caire, et de s'embarquer à Alexandrie; mais jamais ils n'osèrent braver le regard de Bonaparte. Tout ploya sous son ascendant, tout s'abaissa devant son génie.

Apprenant qu'une flotte ottomane de cent voiles, escortée par la division navale de Sidney-Smith, menaçait Alexandrie, il écrivit au divan du Caire : « Quatre-
» vingts bâtiments ont osé attaquer Alexandrie; mais
» repoussés par l'artillerie de cette place, ils sont allés
» mouiller à Aboukir, où ils commencent à débarquer.
» Je les laisse faire, parce que mon intention est de les

» attaquer, de tuer tous ceux qui ne voudront pas se
» rendre, et de laisser la vie aux autres pour les mener
» en triomphe au Caire : ce sera un beau spectacle
» pour la ville. »

Il ordonne aux généraux qui commandaient les provinces de se porter avec toutes leurs forces disponibles, soit à Rahmaniéh, soit sur le Caire, pour se réunir, s'il était nécessaire, devant Aboukir ; puis il vole à Alexandrie avec six mille hommes.

Dix-huit mille braves janissaires, sous les ordres de Mustapha, pacha de Romélie, et une nombreuse artillerie, dirigée par des officiers anglais, ont débarqué sur la presqu'île qui ferme la rade fatale d'Aboukir. Mourad, échappant à Desaix, quitte la Haute-Egypte, et, par la voie du désert, rejoint le camp des Turcs avec trois mille Mamelucks. Il trouve le superbe Mustapha enivré d'espérance, parce que nos premiers détachements s'étaient repliés devant lui pour se concentrer. « Eh bien ! » lui dit le pacha, « ces Français tant redoutés, dont tu n'as
» pu soutenir la présence, je me montre, et les voilà qui
» fuient devant moi. » — « Pacha, » repartit Mourad, « rends grâce au prophète qu'il convienne aux Français
» de se retirer, car s'ils se retournaient, tu disparaîtrais
» devant eux comme la poussière devant l'aquilon. »

La position des Turcs était formidable. Ils occupaient deux monticules, appuyés, l'un sur la mer, l'autre sur le lac Madiéh, et derrière cette première ligne, le fort et le village d'Aboukir qu'ils avaient entourés de retranchements. Une colonne de notre infanterie gravit la hauteur à droite de la première ligne, tandis que Murat se précipite avec ses escadrons pour couper la retraite à l'ennemi. Deux mille Turcs sont tués ou jetés dans la mer. Aussitôt l'infanterie se porte sur le centre que Mustapha défend en vain; il est culbuté par Murat, et nous sommes maîtres de la première ligne. Les janissaires n'attendent pas l'assaut de leur seconde ligne, et courent intrépidement à notre rencontre. Ils sont repoussés, mais le feu violent de leur redoute nous force à la retraite. Les Turcs alors étant sortis des retranchements pour couper la tête des morts, suivant leur sauvage coutume, Bonaparte saisit cet instant, et lance ses bataillons de réserve qui s'emparent de leurs fortifications, tandis que Murat, avec sa rapide cavalerie, se porte entre les retranchements et le lac, et pénètre dans le village d'Aboukir. De toutes parts les Turcs épouvantés s'enfuient; poursuivis l'épée dans les reins, ils sont taillés en pièces ou précipités dans la mer. Mustapha ose affronter Murat; celui-ci le blesse et l'envoie prisonnier à Bonaparte. Trois ou quatre mille janissaires, retirés dans le fort d'Aboukir avec le fils du pacha, capitulent et embrassent les genoux du vainqueur. Des milliers de cadavres flottent sur cette mer, témoin de notre désastre naval, et nos marins sont vengés.

Ce fut après cette fameuse bataille que Kléber, qui toujours avait montré une hautaine aversion pour Bonaparte, l'embrassa dans un transport d'admiration, en s'écriant : « Général, vous êtes grand comme le monde ! »

Cependant ni les triomphes ni les travaux du conquérant de l'Egypte ne pouvaient distraire sa pensée de la France. Depuis son départ pour la Syrie, il ignorait ce qui s'était passé en Europe, car les dépêches du Directoire, et les lettres de sa femme et de ses frères étaient interceptées par les croisières anglaises; mais Sidney-Smith, auquel il avait envoyé un parlementaire pour traiter de l'échange des prisonniers, lui fit passer, soit par politique, soit par malignité, une série de journaux. Bonaparte les dévore et voit tous nos désastres : Suwarow et l'archiduc Charles menacent nos frontières; l'Italie est perdue, le Directoire décrié, le mécontentement général. Mille pensées roulent dans son esprit : quel autre que lui peut arracher la France à tant de périls? Pichegru est flétri, et Moreau éclipsé; Hoche n'est plus. N'est-il pas l'homme unique, l'homme nécessaire?... Du fond de l'Orient, il reparaîtra couronné des palmes de Memphis et de l'Idumée; il dissipera l'anarchie, rappellera la victoire et sauvera la France. L'immortelle bataille d'Aboukir, dont le bruit va précéder ses pas, a terminé pour lui la conquête de l'Egypte. Il ne lui reste plus qu'une position précaire, une armée sans recrutement, une administration obscure, une capitulation plus ou moins éloignée, qui en un jour effacerait tous ses triomphes.

Sa résolution semblera d'abord irrégulière et téméraire; mais c'est en étonnant les hommes qu'on les subjugue. Ni la violation des règles et le ressentiment d'une armée délaissée, ni l'extrême danger de tomber aux mains barbares de l'Anglais ne peuvent l'arrêter. La mer qu'il va franchir est plus périlleuse que le pont de Lodi ou d'Arcole; mais il voit sur l'autre bord la France lui tendre les bras.... Ses destins vont enfin s'accomplir.... S'il a manqué l'empire d'Orient sous les murs d'Acre, il va saisir en France l'empire d'Occident.

Son départ est aussi prompt, aussi secret que sa pensée. Il laisse le commandement de l'armée à Kléber, et avec l'amiral Gantheaume, cinq généraux affidés et deux savants, il s'embarque comme César sur un frêle navire qui porte sa fortune. Il franchit les croisières anglaises; le jour il voit blanchir leurs voiles, et la nuit il entend gronder leur canon de signal; mais il sent en lui cette confiance immense qui doit le porter sur le trône du monde. Un coup de vent le force de se jeter dans le port d'Ajaccio. Toute la population, transportée de joie, accourt à son débarquement. Les troupes, sous les armes, le saluent par des cris d'allégresse. Elles étaient presque sans vêtements, sans chaussures, et depuis une année elles n'avaient point touché de solde. Bonaparte s'étonne et s'indigne; il remet au payeur du trésor quarante mille francs, unique richesse qu'il rapporte d'Egypte, et ne se réserve que le nécessaire pour son voyage. Le lendemain du départ d'Ajaccio, vers le soir, tout-à-coup on signale une escadre anglaise de quatorze voiles; l'équipage est consterné; l'amiral Gantheaume lui-même se trouble. Bonaparte seul reste calme. Gantheaume propose de retourner en Corse. « Non, non, » s'écrie Bonaparte, « faites force de voiles; tout le monde » à son poste. Au nord-ouest, au nord-ouest, mar- » chons! » Cet ordre le sauva.

Après avoir vogué quarante et un jours, en luttant contre des vents contraires, sur une mer sillonnée par des vaisseaux anglais, il mouille au golfe de Fréjus.

— 18 —

A cette grande nouvelle, toute la Provence, qui, depuis la bataille de Novi, tremblait d'être envahie, se livre à la joie. Les habitants de Fréjus, ivres d'enthousiasme, accourent au rivage; la mer se couvre de canots, et les soldats malades sortent des hôpitaux, malgré les gardes, pour se traîner jusqu'à la plage. Cette multitude, en dépit des lois sanitaires, communique avec les équipages, et Bonaparte est dispensé de la quarantaine. Il reconnaît avec joie que le peuple ne le salue pas comme un général vainqueur, ainsi qu'à son retour d'Italie, mais comme le libérateur de la France. Partout il est accueilli avec d'inexprimables transports, et sa route jusqu'à Paris est un long triomphe.

BESANCON, IMPRIMERIE DE SAINTE-AGATHE.

www.ingramcontent.com/pod-product-compliance
Lightning Source LLC
Chambersburg PA
CBHW060928050426
42453CB00010B/1902